DISCARD

Ayudar al medio ambiente

Cuidar de la naturaleza

Charlotte Guillain

Heinemann Library
Chicago Illinois

© 2008 Heinemann Library
a division of Reed Elsevier Inc.
Chicago, Illinois

Customer Service 888-454-2279

Visit our website at www.heinemannraintree.com

Picture research: Erica Martin, Hannah Taylor and Ginny Stroud-Lewis
Designed by Philippa Jenkins
Printed and bound in China by South China Printing Company.
Translation into Spanish by DoubleO Publishing Services

12 11 10 09 08
10 9 8 7 6 5 4 3 2 1

ISBN-10: 1-4329-1873-7 (hc) -- ISBN-10: 1-4329-1879-6 (pb)
ISBN-13: 978-1-4329-1873-6 (hc) -- ISBN-13: 978-1-4329-1879-8 (pb)

Library of Congress Cataloging-in-Publication Data

Guillain, Charlotte.
[Caring for nature. Spanish]
Cuidar de la naturaleza / Charlotte Guillain.
   p. cm. -- (Ayudar al medio ambiente)
ISBN 978-1-4329-1873-6 (hardcover) -- ISBN 978-1-4329-1879-8 (pbk.)
1. Nature conservation--Juvenile literature. I. Title.
QH75.G86718 2008
333.95'16--dc22

2008016068

Acknowledgments
The author and publisher would like to thank the following for permission to reproduce photographs: ©Alamy pp. **13** (Carlos Davila), **23 middle** (ilian), **4 bottom left** (Kevin Foy), **20** (B. Mete Uz), **19** (Brandon Cole Marine Photography), **17** (Jim West), **4 top right**, **23 top** (Westend 61); ©ardea.com pp. **12**, **23b** (George Reszeter), **10** (Paul Van Gaalen); ©Brand X Pictures p. **4 bottom right** (Morey Milbradt); ©Corbis p. **11** (Simon Marcus); ©Digital Vision p. **4 top left**; ©naturepl.com p. **6** (Aflo); ©Photoeditinc. p. **5** (Michael Newman); ©Photolibrary pp. **15** (Animals Animals, Earth Scenes), **22** (Digital Vision), **21** (Image Source Limited), **14** (Juniors Bildarchiv), **16**, **18** (Mark Hamblin), **7** (Photodisc), **9** (Rodger Jackman), **8** (Stephen Shepherd)

Cover photograph of a butterfly on a flower reproduced with permission of ©Getty Images (Taxi, David McGlynn). Back cover photograph of a boy looking at a stag beetle reproduced with permission of ©Alamy (B. Mete Uz).

Every effort has been made to contact copyright holders of any material reproduced in this book. Any omissions will be rectified in subsequent printings if notice is given to the publishers.

Contenido

¿ Qué es el medio ambiente?

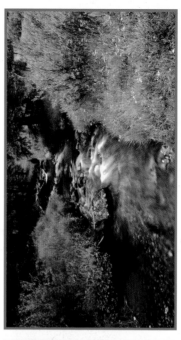

El medio ambiente es el mundo que nos rodea.

Es necesario proteger el
medio ambiente.

¿Quiénes viven en el medio ambiente?

Las plantas y los animales

viven en el medio ambiente.

Las plantas y los animales son parte de la naturaleza.

7

Cómo proteger el medio ambiente

Las abejas necesitan flores silvestres.

Cuando no recogemos flores silvestres, ayudamos a las abejas. Protegemos el medio ambiente.

Las mariposas necesitan flores silvestres.

Cuando no recogemos flores silvestres, ayudamos a las mariposas. Protegemos el medio ambiente.

Las aves ponen huevos en nidos.

Cuando no tocamos los nidos,
ayudamos a las aves.
Protegemos el medio ambiente.

Las aves necesitan agua
para beber y lavarse.

Cuando colocamos agua en nuestro jardín, ayudamos a las aves. Protegemos el medio ambiente.

La basura puede hacerles daño
a los animales.

Cuando recogemos basura, ayudamos a los animales.

Protegemos el medio ambiente.

Los animales salvajes necesitan
que los dejemos tranquilos.

Cuando no los alimentamos,
ayudamos a los animales salvajes.
Protegemos el medio ambiente.

Podemos cuidar de la naturaleza.

Podemos ayudar al medio ambiente.

¿Cómo se ayuda?

¿Cómo cuidan de la naturaleza estos niños?

Respuesta en la p. 24

Glosario ilustrado

medio ambiente el mundo que nos rodea

basura cosas que ya no necesitamos

naturaleza plantas, animales y otras cosas en el mundo que no están hechas por el hombre

Índice

Respuesta a la pregunta de la pág. 22: Los niños recogen basura. Así evitarán que los animales se lastimen con ella.

Nota a padres y maestros

Antes de leer
Hable con los niños acerca de las plantas y los animales en el medio ambiente. ¿Han visto crecer flores silvestres? ¿Han visto un animal salvaje, como una ardilla o un zorro?

Después de leer
• Diseñe un adorno de una mariposa con papel encerado. Trace el contorno de una mariposa en papel encerado. Raspe unas virutas de creyones y dispóngalas en un diseño simétrico en las alas de la mariposa. Cubra la mariposa con otro pedazo de papel encerado. Cubra con un paño de cocina y planche con calor suave. Recorte la mariposa. Coloque un trozo de hilo en la parte superior y cuelgue la mariposa cerca de una ventana.
• Diseñe un alimentador de pájaros. Ate un hilo a una piña grande. Mezcle un poco de alpiste, avena y mantequilla de cacahuate. Haga girar la piña en la mezcla y cuélguela de una rama cerca de una ventana donde pueda observar cómo se alimentan las aves.